UNE REVANCHE

DE

WATERLOO

OU

UNE PARTIE D'ÉCHECS,

Poëme héroï-comique,

PAR MÉRY.

PARIS.
AU CLUB DES PANORAMAS,
18, rue Vivienne.

1836.

UNE REVANCHE

DE

WATERLOO.

AVIS ESSENTIEL.

Le lecteur qui suivra la partie d'échecs de ce poème sur l'échiquier voudra bien se rappeler que toutes les fois que je me sers de cette expression : *Une pièce franchit deux cases, ou trois, ou six, ou deux degrés, ou trois relais,* etc., la case où se trouvait la pièce est toujours comprise dans ce nombre. Au contraire, lorsque je dis qu'une pièce se place *à deux ou trois cases au-devant* ou *en avant* d'une autre pièce, la case de cette dernière ne doit pas être comprise dans le calcul.

IMPRIMERIE ET FONDERIE D'ADOLPHE ÉVERAT,
16, rue du Cadran.

UNE REVANCHE

DE

WATERLOO

OU

UNE PARTIE D'ÉCHECS,

Poëme héroï-comique,

PAR MÉRY.

PARIS,
AU CLUB DES PANORAMAS,
48, RUE VIVIENNE.
1836.

AVIS ESSENTIEL.

Le lecteur qui suivra la partie d'échecs de ce poème sur l'échiquier voudra bien se rappeler que toutes les fois que je me sers de cette expression : *Une pièce franchit deux cases, ou trois, ou six, ou deux degrés, ou trois relais*, etc., la case où se trouvait la pièce est toujours comprise dans ce nombre. Au contraire, lorsque je dis qu'une pièce se place *à deux ou trois cases au-devant* ou *en avant* d'une autre pièce, la case de cette dernière ne doit pas être comprise dans le calcul.

IMPRIMERIE ET FONDERIE D'ADOLPHE ÉVERAT,
16, rue du Cadran.

UNE REVANCHE
DE
WATERLOO
OU
UNE PARTIE D'ÉCHECS,

Poëme héroï-comique,

PAR MÉRY.

PARIS.
AU CLUB DES PANORAMAS,
48, RUE VIVIENNE.
1836.

A Madame

la Princesse Belgiojoso.

Madame,

Vous excellez dans un jeu qui a exercé le génie de tous les grands hommes.

Vous êtes née dans ce beau pays qui n'a point de lacune sur la page de ses illustrations : vous êtes sœur de Lolli, d'Ercole del Rio, de Ponziani, de Gianuttio, de Carrera, de Cozzio.

Permettez-moi de vous présenter un poëme sur un jeu qui a donné la célébrité à tant de vos compatriotes. La Dame est la plus brillante pièce de l'échiquier; en vous offrant mes vers, je les dédie à la Reine des Échecs.

Madame,

Votre dévoué serviteur,
MÉRY.

UNE REVANCHE

de Waterloo.

> Et circa regem atque ipsa ad prætoria densæ
> Miscentur.
> — VIRGILE, Georg., liv. IV. —

Vous qui croyez encor qu'une paix éternelle
Tient deux peuples rivaux à l'ombre de son aile,
Politiques profonds, mais ne voyez-vous pas
Qu'une guerre de feu s'embrase sous vos pas?

Les remparts de Calais fument; le canon tonne ;
Vingt cartels sont jetés à la race bretonne;
La France, croyez-moi, n'est pas à son déclin;
Les jours du prince Noir, les jours de Duguesclin
Réjouissent encor la côte maritime,
Et le sol des combats attend une victime.
Sur l'échiquier royal, Fontenoy, tu renais
Aux mains de Mac-Donnel et de Labourdonnais;
Deux héros; l'un de France, et fils de ces Falaises
Qui ne tremblèrent pas sous les bombes anglaises,
Quand Saint-James lançait, par le courant de l'eau,
Sa machine infernale au front de Saint-Malo.
L'autre, général jeune, ingénieur précoce,
Descend, comme Rob-Roi, des montagnes d'Écosse ;
Et Londre, en le voyant, cria dans la Cité
Que le grec Palamède était ressuscité.
O boulevart Montmartre! ô Véron! ô Vivienne!
Amateurs de Berlin, d'Amsterdam et de Vienne,
Accourez aujourd'hui de vos divers climats
Au noble club ouvert sur les Panoramas;
C'est pour vous que je chante une bataille immense,
Qui sur les camps rivaux avec le jour commence,

Et d'échecs en échecs, vers la nuit finissant,
Ne laisse pas sur terre une goutte de sang.

Le champ clos a croisé soixante-quatre cases ;
Aux deux extrémités, les tours posent leurs bases,
Ces formidables tours, ces tours qu'un doigt savant
Comme aux siéges romains fait rouler en avant :
Sur des chevaux sans mors des cavaliers fidèles,
Lestes et menaçants, se placent auprès d'elles ;
A franchir deux carrés ils bornent leurs élans,
Et tombent, de côté, sur les noirs ou les blancs.
Ces pièces vont ainsi ; l'amitié les a jointes
Aux fous, sages guerriers qui partout font des pointes.
Puis la dame se place et garde sa couleur ;
Nul combattant du jeu ne l'égale en valeur :
Elle vole d'un bond de l'une à l'autre zone ;
C'est Camille au pied leste, invincible amazone ;
Elle veille, et défend les pièces d'alentour,
Par la force du fou, réunie à la tour.
Près d'elle le roi siége ; hélas ! il garde un trône
Que mine le complot, que l'astuce environne ;

Ce monarque, toujours menacé du trépas,
Pour tromper l'ennemi ne peut faire qu'un pas ;
Toutefois, quand sa force est enfin abattue,
Par respect pour son nom, personne ne le tue ;
Il est échec et mat ; son dernier jour a lui,
Et tous ses serviteurs sont morts auprès de lui.
Huit modestes pions, soldats de même taille,
Gardent l'état-major sur un front de bataille ;
Un pas leur est permis ; un ou deux, jamais trois ;
Troupe vile immolée aux caprices des rois :
Ils ne prennent qu'en pointe ; et pourtant il arrive
Qu'un d'eux, soldat heureux, aborde l'autre rive ;
Alors il se grandit ; ce soldat parvenu
Des dépouilles d'un chef habille son corps nu :
Il se métamorphose en tour ; il devient reine ;
Il choisit dans les morts, étendus sur l'arène,
Un chef de sa couleur, par sa force cité,
L'heureux pion le touche, il l'a ressuscité.

L'Ecossais Mac-Donnel a tiré la claymore ;
C'est lui qui doit guider les soldats du roi more ;

Calme et méditatif, économe du sang,
Il marche avec lenteur sur ce terrain glissant.
Labourdonnais, plus vif, fait jaillir de sa tête,
En rapides éclairs, la foudre toujours prête;
Il entrevoit déjà, l'œil fixé sur le but,
La fin de la bataille, au moment du début :
Ainsi Napoléon, dans sa tête profonde,
Voyait tout, à la fois, sur l'échiquier du monde.
Le roi blanc a donné le signal des combats.
Le pion de sa dame avance et fait deux pas,
Le voisin aussitôt parcourt le même espace;
Le pion du fou blanc de la dame se place,
Audacieux gambit, près de son frère blanc,
Et percé par le noir, il tombe sur le flanc.
Le pion du roi blanc, qu'un noble zèle embrase,
Se sépare de lui, ne franchit qu'une case,
Le pion du roi noir, beaucoup plus hasardeux,
Affrontant son voisin, soudain en franchit deux.
Le fou du roi d'ivoire alors brise sa chaîne,
Et faisant quatre sauts, prend le pion d'ébène;
Le soldat du roi noir enlève le pion
Que la dame d'ivoire avait pour champion.

Le pion du roi blanc remplit la même tâche.
L'écuyer du roi more à l'instant se détache
Et se cabre, la bride abattue à son cou,
A la deuxième case au-devant de son fou.
Soudain le cavalier, serf de la reine blanche,
A deux pas de son fou sur l'échiquier se penche,
Mais le fou du roi noir, esclave de sa loi,
Se glisse au carré vide, au-devant de son roi.
Le monarque des blancs, Labourdonnais l'inspire,
Veille d'un œil serein au salut de l'empire,
D'un signe intelligent, à son doigt familier,
A deux pas de son fou place son cavalier*;
Aussitôt le roi noir profite de l'aubaine,
Et roque lestement avec sa tour d'ébène.
La dame d'Avenel, qu'alarme un juste effroi,
Jette son fou joyeux à deux pas de son roi.
Le pion noir du fou de l'amazone noire
Fait un pas : le pion gardant la tour d'ivoire,
La tour du roi des blancs fait un pas en avant
Et gêne un fou rival, avec ce trait savant.

* De la case où était le fou.

A sa deuxième case, alors la noire dame
Jette son cavalier, qui va servir sa trame;
Pour prévenir le choc du more cavalier
Le fou du roi des blancs se pose en bouclier
Au troisième relai du cheval de sa reine;
L'écuyer noir qui sert la noire souveraine
A sa troisième case à l'instant s'est bloqué :
Avec sa propre tour le roi blanc a roqué.
Le cavalier du roi, du roi noir lui réclame
Une troisième place en avant de sa dame.
Le pion de la tour de la dame des blancs
Fait deux pas fort adroits, quoique simples et lents;
Comme un singe moqueur, à l'adverse limite
Le même pion noir, devant sa tour, l'imite.
Le cheval du roi blanc se place en palefroi
A quatre pas devant la case où fut son roi.
Pour détruire le fou de l'adverse partie
Le fou de dame noire a fait une sortie;
Agitant ses grelots, cet aimable insensé
A deux pas de son roi s'est finement placé[*].

[*] A deux pas de la case où fut son roi.

Le fou du roi des blancs se glisse en téméraire
A la case en avant de celle où fut son frère.
Le pion noir du fou royal marche deux pas ;
L'amazone des blancs ne s'en alarme pas ;
Devant la case noire où fut jadis son maître,
Elle vient aussitôt se faire reconnaître.
Le pion noir du fou royal alors se meut,
Et chemine d'un pas, c'est là tout ce qu'il peut.
Le fou de dame blanche à la deuxième case
De la susdite dame arrive, et prend sa base ;
La noire qui veillait à son vierge terrain
Se pose sur le trône où fut son souverain.
L'amazone des blancs, soigneuse de leur gloire,
Dans la case du roi bâtit sa tour d'ivoire*;
Le fou de dame adverse, agile champion,
Recule auprès du roi pour sauver un pion.
C'est le coup décisif ; car la blanche amazone
Déjà du roi des noirs voit chanceler le trône ;
A travers ce chaos d'amis et d'ennemis,
Heureuse, elle entrevoit son avenir promis ;

* La tour de la dame et non la tour du roi.

La science de l'art ne l'aura point trompée,
Elle tient son triomphe après neuf coups d'épée :
Les noirs la voient tomber avec des yeux d'effroi,
Trois cases en avant du camp où fut son roi.
Du cavalier royal le pion noir s'élance
D'un seul pas; le fou blanc de la dame s'avance*,
Prend le pion du fou, le fou du prince noir;
Le cavalier du more, épris d'un vain espoir,
Veut venger son ami ; d'un fameux coup de lance
Il perce le fou blanc, le jette à l'ambulance.
Malheureux cavalier! L'aveugle Mac-Donnel
Croyait la dame blanche au château d'Avenel ;
Elle est là; son bras fort renverse sur l'arène
L'insolent écuyer qui pressait une reine.
C'est alors qu'un vrai fou d'une dame, un fou noir,
Dans sa tête insensée a mis un fol espoir;
Il se fait en lui-même une imprudente phrase :
« Si je prenais, dit-il, la quatrième case
En face du carré que le fou, mon rival,
Occupait au début, à côté du cheval,

---

* Le fou de la dame; *blanc* ne désigne pas la couleur de la case, mais la couleur du fou.

Ce poste m'obtiendrait une victoire sûre ;
Je menace les blancs d'une double blessure :
Labourdonnais n'a pas prévu ce mauvais tour ;
S'il veut sauver sa reine, alors je prends sa tour ;
Après, je serai pris, tant mieux ! cela m'arrange,
La tour vaut mieux qu'un fou, nous gagnerons l'échange. »

Après ce beau calcul, digne d'un insensé,
Sur le carré dépeint ce vieux fou s'est placé.
Labourdonnais sourit : par un coup de génie
L'avidité des noirs sera bientôt punie ;
Le général français avait bien attendu
Que les noirs tomberaient dans le piége tendu.
L'amazone des blancs prend la troisième case
Où la tour du roi more eut sa première base.
Le fou de dame noire à l'instant prend la tour ;
Le fou blanc de son roi, ravisseur à son tour,
Prend le pion placé devant l'écuyer more ;
Il sait qu'il va mourir ; cette mort, il l'implore,
Sage fou qui déjà, quoique mourant, peut voir
Le redoutable mat planant sur le roi noir !

Le pion' noir, qu'il vient de provoquer en face,
Étourdi fanfaron, en pointe le terrasse,
Et tombe au même instant sous le blanc cavalier,
Qui, tout près de sa reine, accourt se rallier.
L'écuyer africain, qu'un grand péril réclame,
Bondit sur le carré, veuf du fou de la dame;
Alors, marchant trois fois, l'amazone au teint blanc
Donne échec au roi noir, qui fuit d'un pas tremblant;
Sa fougueuse ennemie, à sa perte acharnée;
Poursuit sa vive lutte, avec art combinée;
Elle voit son triomphe, et, reculant d'un pas,
Menace encor ce roi d'un imminent trépas.
Le prince fugitif, dont le tombeau s'apprête,
N'a plus qu'un seul abri pour reposer sa tête;
Il s'y place; aussitôt, des blancs le cavalier
En face de ce roi, sait bien se replier;
Soudain le fou des noirs, dont l'audace endormie
Trouvait une prison sur la ligne ennemie,
A gauche, obliquement, fait trois pas, et sa main
Nargue la dame blanche au bout de son chemin;
Insensé! Tout à coup, s'ébranlant sur ses bases,
La tour d'ivoire roule, elle franchit six cases,

Et vers le camp rival semant un long effroi,
Serre d'un vif échec le triste et sombre roi.
Hélas! ce roi puissant, que personne n'envie,
N'a plus qu'un seul abri pour défendre sa vie;
Il y court; l'amazone enlevant tout espoir,
Fait un pas en arrière, et bloque le roi noir :
Oh! quel toit lui donner? quel refuge lui reste,
A ce prince frappé du sort fatal d'Oreste?
C'est la troisième case, en avant de son fou.
Alors un vil pion, venu je ne sais d'où,
Un obscur fantassin, un pion prolétaire,
Qui, depuis le début clouait son pied sur terre,
Un faible pion blanc, que l'œil put oublier,
A sa case, devant le royal cavalier :
Un soldat inconnu, sans blason dans l'histoire,
Sous un mat décisif va fixer la victoire,
Et par un double bond, s'élançant de son coin,
Il crie au roi des noirs : Tu n'iras pas plus loin* !

A ce grand coup d'un nain arrêtant un colosse,
Tous les noirs inhumés hurlèrent dans leur fosse;

* La tour peut aussi donner le *mat*.

Sa reine, lui jetant un suprême coup d'œil,
Se rendit en exil sous sa robe de deuil.
Labourdonnais vainqueur, sorti de cette guerre,
Fut sacré roi de France et roi de l'Angleterre,
Par le droit des échecs; le rapide Océan
L'annonça dans Bagdad, Cachemire, Ispahan,
Sous les Balkans neigeux, sous l'aride Caucase,
Climats où Mahomet a guidé sur la case
Fou, pion, éléphant, roi, dame, cavalier,
Jeu que jamais ses fils ne purent oublier.
L'Écossais Mac-Donnel, en son pays prophète,
Resta comme étourdi du poids de sa défaite;
Il contempla long-temps, d'un œil terne d'effroi,
La case malheureuse où fut maté son roi;
Il le voyait gisant sur sa dernière couche,
Le *god save the king* expira sur sa bouche;
Puis, le vaincu d'Écosse, au regard étonné,
Porta dans *Holy-Rood* ce roi découronné.

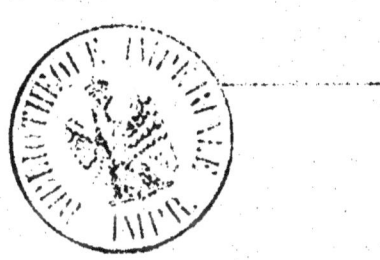